PENSAMIENTOS

IGNACIO GAGO VÁZQUEZ

Aliarediciones

Corrección: Eladia Guerrero
Diseño de cubierta: Aliar Ediciones
Maquetación: Aliar Ediciones

Depósito Legal: GR 1008-2025
ISBN: 979-13-87823-59-7

Impreso en España

Edita
ALIAR Ediciones
www.aliarediciones.es
info@aliarediciones.es

PENSAMIENTOS

IGNACIO GAGO VÁZQUEZ

A mis dos musas, la inspiración y
mi amor, sin ellas no hubiera sido posible
que estas líneas hubieran llenado mi alma
para que así ahora llenen las vuestras.

TU NOMBRE

Tu nombre me inspira,
tu nombre me alumbra,
como en oscura noche
la luna ilumina el camino,

me trae recuerdos gratos
y nostalgias perdidas,
hace que el día a día
sea una nueva alegría.

Solo pronunciar tu nombre
me llena dc algarabía,
hace fluir mis sentidos
y que se me alegre el día.

UNA MIRADA

Cuando me miras me eclipso,
pierdo el tiempo y el sentido,
se vacía mi mente, no pienso,
solo siento y percibo.

Percibo que tú me buscas,
percibo que yo te espero,
que eres mi vida
y si no estás, muero.

Mírame y hazme sentir vivo.
Mírame y háblame con tu mirada.
Haz que pierda el sentido
y que no piense más nada.

EN LA ARENA

Tu sombra en la arena
contrasta con tu cabello,
y la suave brisa marina
que recoge en su transparencia
los delicados rayos de sol
hace de la mañana
un pequeño todo
de un completo día.

EN TUS SUEÑOS

En el brillo de tus ojos
quiero verme reflejada,
pernoctar serenamente en tu pecho,
compartir tu mirada callada,

y pasar así toda la noche,
fundiéndome con tus sueños,
soñando que tú me amas,
que el relieve de tu silueta
marque mis horas doradas,

tu serenidad mientras descansas
se enciende con mi llamarada
y no quieras despertar
hasta llegar la mañana.

TU ALMA

Qué guarda la soledad de tu alma
cuando miras y no hablas,
cuando tu mirada está perdida,
cuando tu frente está cansada,

tus manos guardan calma,
tu calma está pausada,
no hables, no me digas,
solo condúceme con tu mirada,

que al mirarme ya sé
que reconfortas mi vida,
que tu aliento me dirige
serenamente hasta la cima.

MIS RECUERDOS

Devuélveme mis recuerdos,
ahora que te has marchado,
no te quedes con ellos,
pues son mi bien más preciado.

LA PLAYA

Paseando por la playa
escuchando el rumor de las olas
rompiendo sobre las piedras,
abriendo la madrugada,

el sol comienza a emerger,
el día se abre camino,
celestes se tornan las nubes,
la arena de sal y gualda,

allá donde quiera que vaya,
donde me encomiende el destino,
encontraré mi ruta y mi senda
trazando mi propio camino.

LOS SUEÑOS

En la noche de tus sueños
tu memoria aviva mis recuerdos,
en tus ropas abrigadas
es donde mejor me encuentro.

Quisiera yo ver la aurora,
despertar junto a tu cuerpo,
gimiendo los buenos días,
en tus besos mi recuerdo.

Que tan bella mañana,
qué noche, qué recuerdo,
que la aurora se levante
y vislumbre mi gran sueño.

PRISIONERO

Entre estas cuatro paredes
he de enfrentar mi futuro,
olvidando que el pasado
fue de lo más malo y oscuro.

Carcelero, no te ensañes,
no fuerces mi yo interno
ni me lo pongas tan duro,
que tan solo quiero ir pasando.

Que aunque los días no vea
ni maneje mi futuro
viviré y pasaré lo que queda
en este sombrío y oscuro zulo,

donde los días son noches
y las noches se tiñen de oscuro,
así algún día acabarán
sin amanecer seguro.

BELLEZA INTERIOR

Tus ojos reflejan tu interior belleza,
sus destellos hacen vibrar,
su alegría y su viveza
cuan intenso blanco nácar.

No es menester que hables,
que prodigues o enseñes,
con solo mirarte apreciar
lo que no te atreves a expresar.

Brilla, brilla sin parar,
no te apagues ni opaques,
que todos puedan vislumbrar
tu penetrante luz, tu aura vital,
simplemente déjate amar.

FUENTE DE PIEDRA

Con la luz de la luna
reflejada en el agua,
de sus cantos sonoros,
de su luz acallada,

de la fuente de piedra
de la que resbala el agua,
agua serena y cristalina
de musgo y de hiedra.

Que mi vida transcurre
en tu dulce mirada,
que tu lecho me acuna,
que tu mano me guarda.

Mas no vivo que muero
cuando no me hallas,
sí me buscas y anhelas
sin cruzar mi mirada.

Si no tuviera yo
un ángel que me guarda,
que sabe cuándo apeno,
mas no necesito nada.

MAR INDALIANA

Sol que tuesta la arena
despertando la madrugada,
con sus destellos dorados
dibujando la alcazaba.

Perfilando sobre su almena
una silueta en el agua,
que cubre desde la dársena
del puerto hasta la almadraba.

Los barcos se recrean
en una mar indaliana,
cuando las olas lo acunan
y la marea está en calma.

Esperando la mar al alba
con sus redes afinadas,
los pescadores faenan,
alba que mece sus almas.

NOCHE SERENA

Noche serena,
bruma dormida,
luces de aurora
rigen mi vida.

El viento acuna
la perla plateada,
que en el cielo alumbra
con su luz, la luna.

La luna te guarda,
de noche ella vigila
esperando que alguien
le diga descansa, tranquila.

Tranquila, que ya llega el día,
las nubes se abren,
su reflejo me dice:
Amor, pronto serás mía.

NOTAS AL AIRE

Cuánta nota, cuánta vida,
el dulce sonar del arpa,
de su música recibida,
el retozar de mi alma.

En la noche su recuerdo,
en mis sueños su relieve,
su presencia me acompañe,
su susurro, esponjosa nieve.

No, no siento cuerpo, solo alma,
mis oídos el son de su aire,
el leve vibrar de sus cuerdas
despierte mi profunda calma.

TIEMPOS PASADOS

Que no tuviera yo
vestigios de tiempos pasados,
presentes más moderados
y antaños aún no recuperados.

Sabiendo como ya sé
que lo pasado pasado,
que el presente viviese
según lo tengo pensado.

Mas la vida me premiare
con dechados de virtud,
con virtudes y dechados
de otros caminos andados.

Y si fuere de esta dicha
el tiempo recuperado,
no me dejéis que lo pierda
sin haberlo disfrutado.

CAMPOS DE ZAMORA

Campos de Zamora,
campos de avena y trigales,
acostados dorándose al sol,
tostando los maizales.

Se alza dispuesta la tarde,
donde los duendes despiertan,
se vislumbra la tenue noche
donde las almas lloran y penan.

Y se realzan los sueños
enseñando sus gruesas cadenas,
cadenas de sombra y luz,
simple y llanamente cadenas.

El viento mece las ramas,
la hierba baila su pena,
de uno para otro lado,
su bailar, mi noche serena.

PENSAMIENTO

Por mi mente ha cruzado
y hasta mi corazón ha llegado,
un pensamiento anhelado
que en estas líneas he plasmado.

Bello rincón custodiado
por el aura del presente,
por el viento del futuro
y la sombra del pasado.

Que mi alma ha rasgado,
mi susurro ha inspirado,
ha aturdido mi cerebro
y mi mente ha dispersado.

En lo profundo de mi ser
honda y serenamente ha calado
una tranquilidad pasmosa,
un dulce sueño reposado.

AL REY NEPTUNO

Cantos de sirenas,
arrullo del mar,
plenilunio de lunas llenas,
melodías al sol de sal.

La mar embravece,
las olas enajenan,
con sus cantos las sirenas
tus sentidos envenenan.

En el fondo marino,
en lo oscuro del mar,
me siento perdido,
quiero salir de este lugar.

Cuando todo se acaba,
cuando vislumbro mi final,
un rayo lleno de esperanza
me permite sobre él flotar.

Quién me ha devuelto la vida,
quién alejó mi malestar,
flotando y navegando
sobre las olas del mar.

A lo lejos veo una figura pasar,
majestuosa y erguida,
dominando su cabalgar.
Ah, es Neptuno, rey y señor del mar.

A ALBA

Cuando la noche se cierne
y la madrugada acecha,
cuando los pájaros sueñan
con un techo lleno de estrellas.

Tus párpados se abren,
tu mirada se enciende,
iluminas mi senda,
mis ojos tu visión aprenden.

Cual rayo de esperanza,
a mi corazón disparas,
recargas de ilusión desmesurada
con una ilusión inesperada.

Esperada como el alba
que llega con la mañana,
esperada como el día
que despunta con su aurora.

En este cierto despertar
mi alma se turba y estremece,
mi vida busca y parece
que solo te quiero encontrar.

ODA AL CID

Se comenta del mio Cid
que es noble y muy leal,
no hay nadie tan bravío
por tierras de Castilla central.

Se habla de su bravura
por todos los fueros de España,
trovadores cantan sus gestas
para generaciones futuras.

En más de cien batallas
se le ha visto luchar,
por reseña esta su espada
la tizona hace temblar.

Blandiendo su noble acero
derrotara a su enemigo,
cristiano o sarraceno,
daros, señor, por vencido.

Nobles y vasallos,
todos ante él se postran,
si no doblegáis las rodillas
probaréis su mandoble certero.

DESDICHADO ROMANCE

Bella dama, mi hermoso jardín,
aparta las ramas de tu balcón
—suplicaba el ansioso joven—
izad la escala y dejadme subir.

Que esta noche fría y oscura
caen truenos, llueve a mares,
hay relámpagos por todos lares
y amenaza chaparrón.

Pues pasar a vuestra alcoba quiero,
depositarmc cn tu cama,
avivar esta intensa llama
y entregarnos a un revolcón.

A lo cual la doncella contestó:
Subid, amado mío, a calentarme el lecho,
mas si atrevido os veis
podéis tocarme un pecho.

Pero a eso de las siete
de mi casa debéis partir,
pues cargados de armas y perros
de la caza llegará mi señor.

Mas dormiose el joven,
la fatal hora pasó,
llegó de mañana el dueño,
y en el lecho a los dos vio.

¿Quién es este mancebo?
Con voz exaltada,
presto el señor preguntó.
¿Por qué vos estáis desnuda?
¿Y sin ropa este señor?

Mas me asalta la duda
—ingenuamente la señora respondió—
si ayer no estaba en mi lecho,
¿puede haber nacido hoy?

Con burlas no me saltéis,
no es tan joven, ¿no lo veis?
Pues por el tamaño de su atributo,
no es débil, sino bruto.

Aun así, cuan recién nacido,
dadle hoy su última teta,
alimentad su pasión,
pues después de esta jugarreta
a vos meto en clausura,
y a él arranco el corazón.

CAMPAÑAS DEL CID

De tierras burgalesas vengo,
de buscar fama y fortuna,
más bien me hallo maltrecho
y sin fortuna alguna.

Tengo heridas de guerra,
que marcan mi frente y mis manos,
pero lo que más me lastima
es no ser mi propio amo.

Buscando conseguir victoria,
por Castilla y por mi reino,
he sufrido en varios frentes
y de mis temores soy dueño.

Que no he de dormir tranquilo,
si no traigo riquezas ni prendas,
si para el rey de Castilla
no proveo joyas ni ofrendas.

Mi alma no se arruga ni achica,
he de volver al duelo seguro,
para conseguir mis metas
y ser recordado en un futuro.

EL SOL A LA LUNA

Cantaba a luna serena y confiada,
su cantar creía que nadie escuchaba,
un suave susurro de notas delicadas.

Prendada de un sueño, llegó la mañana,
despertar quería, mas no despertaba.

Su sueño alargaba con notas doradas,
su luz ansiaba, auroras del alba
que cubren de seda la dulce mañana.

El sol le susurra: velaré tu sueño,
duerme, mi bella, que tu despertar
nunca tendrá dueño.

Cuando caiga la noche,
 con brillo de estrellas
lucirás esplendorosa
y con mis mejores galas
ansioso te estaré esperando.

Los dos juntos luciremos,
como ardiente candela,
los sueños dorados
de aquellos que sueñan
ser amantes en vela.

LAS CUATRO ESTACIONES

En un jardín floreciente
de jazmines sin igual,
ya viene mayo avisando
que el verano está al llegar.

Ya por junio tardes rasas,
apretando viene el calor,
preparar linos y suaves ropas,
el almendro pierde su flor.

Cuán dispuesto cambia el tiempo,
días más cortos y frescos
ofreciéndose al retiro otoñal,
mares y ríos, remanso presto.

Finalmente nos visita el invierno,
llamar a tu puerta querrá
mas caso tú no le harás,
y aunque no lo recibas, entrará.

JUGADA MAESTRA

La vida es como una cometa,
que el viento lleva y lleva,
todos anhelamos algo,
algunos incluso buscamos metas.

No nos damos cuenta,
que el tiempo pasa y pasa,
el reloj y sus agujas aprietan,
cual fichas de ajedrez
nos movemos de un lado a otro.

No perdamos más tiempo,
no seamos peones,
más bien ganadores como el alfil,
o a salto de caballo.

Desplacémonos como torres,
que nuestro pasar por la vida,
aunque más veloz que un rayo,
deje huella y marque ausencia
sin causar herida ni daño.

MONASTERIO DE CARDEÑA

Llegaba de noche el Cid
al monasterio de Cardeña,
aporreando a golpe de postigo.
¿Qué queréis, mi señor?
¿Qué os pasa, don Rodrigo?

Vengo de tierras levantinas,
vengo de tratar contiendas,
buscando para mis caballos
donde reposar sus riendas.

Pasad, pasad, mi señor,
la noche aquí os espera.
No temáis que aquí os busquen,
nadie viene a estas veras.

Pues el camino es tortuoso,
árido y desesperado.
Para llegar al monasterio
ha de ser bien premeditado.

Traedle comida y bebida
del menú de nuestros abades,
comida corriente y sencilla
pero ricos y abundantes manjares.

Más tarde preparadle lecho
en uno de nuestros aposentos,
lejos del resto de mortales,
que descanse del camino hecho.

Cuando a maitines nos llamen,
mañana cuanto antes mejor,
por si aquí podéis quedaros
haremos trato con el prior.

Sin que de vuestra visita
queden huella ni restos,
cuando os halléis restablecido
debéis de marcharos prestos.

ALMERÍA, MI ALMERÍA

Almería, mi Almería,
de Almotacín adorada,
piedra preciosa resplandeciente
su pecho de mar salada.

Sobre su alféizar asoman
como una joya engarzada
las murallas y torretas
de su cerro y su alcazaba.

Abderramán te soñaba
sobre tu colina alzada,
aquí edificaré mi fortaleza,
sobre dura piedra, bien tallada.

La luna posara su aliento
sobre tu cielo estrellado,
el sol su cálido abrazo
en tu horizonte plateado.

COMO MARES

Como ríos, como mares,
con sus alegres despertares,
no quiero seguir dormido,
quiero soñar despierto,
gritar sin perder el aliento.

No, no quiero que me despiertes,
prefiero vivir sin sueño,
alzarme sobre el cielo,
de mi cuerpo ser el dueño,
que la mañana me alumbre,
caminar y respirar aire fresco,
salir y ver comenzar el día.

No tener la falsa esperanza
de que al llegar a tu puerta
esta no esté abierta,
que te llame y te despiertes.

Oler campos y flores,
seguir el curso de los ríos,
volver a abrazar a los míos.

La esperanza sigue abierta,
persigamos nuestras metas,
logremos que se cumplan,
luchemos para que sean ciertas,
no seamos los carceleros
de nuestros propios fines y retos.

AMORES

Se ama con amor,
con miedo, con locura.
Se ama con dolor,
con rabia, con ternura.

Con pasión sin medida,
con fuerza, con ilusión,
como si en ello te fuera la vida,
como si te faltara la respiración.

No dejes de amar,
no pierdas tu pasión,
aunque la vida te quiera dar
más de una ocasión.

La fuerza de tu corazón
algunos no la pueden percibir,
no se mide por tu razón
ni lo que puedas recibir.

LA LUNA SUEÑA

La luna soñaba despierta
que se quedaba dormida.
Soñaba que, tras su puesta,
lucía de nuevo el día.

Beber del río quisiera,
de sus cristalinas aguas,
largos sorbos tomar pudiera,
sabiendo al clarear el alba
que la noche no se termina
hasta que se despierta el día.

Largos son los días,
largas las esperas,
mas no tengas reparos,
que cuando llegue la noche
tú serás la estrella
que luzca más bella.

TÚ MISMA

Tenerte es quererte,
conocerte es amarte,
quien te anhela suerte tiene,
quien su sueño desvela.

Solo ver el brillo de tus ojos,
tu cierta y alegre sonrisa,
puede deshacer los cerrojos
de la prisión de nuestra vida.

Qué suerte sentirte cerca,
para notar tu presencia,
mas no te alejes nunca
para no sentir tu ausencia.

Tienes el don de la gracia,
el don de la alegría,
siempre con una sonrisa
que puede cambiar un mal día.

ANHELO

Mi alma busca mi cuerpo,
mi cuerpo anhela su alma,
en la soledad de mi encierro
es donde encuentro mi calma.

La noche guarda silencio,
las sombras hablan calladas,
entre las brumas me pierdo,
perdido por horas soñadas.

Qué tranquilidad, cuánto sosiego,
verte aun cuando no estás,
estar cuando no te veo,
tu presencia exhala paz.

Qué tan cierto amanecer,
acalla su voz el crepúsculo,
dando paso a una nueva mañana
el día no para de crecer.

Miro el pasar de las horas,
no puedo más que esperar
el incierto tardar del tiempo
que a mi hace mente pensar.

A ALMERÍA

Ay, de mi Almería,
ay, de su alcazaba,
de su pasado morisco,
de su entrañable almadraba.

Cuando languidece la tarde,
cuando ya el sol se apaga,
me asomo a tus almenas
buscando qué secreto guarden.

Se oyen rumores de tarantos,
de su Almedina y la Chanca,
susurros de grana y oro,
sobre sus playas, arena blanca.

De sus barrios, de sus calles,
de pescadería, de su puerto,
barrio alto y el zapillo
de entresijos y bocacalles.

De sus dunas, de sus cañas,
sus costas y sus bahías,
su fina y tamizada arena,
cabo de Gata y sus playas.

COMO LA VIDA MISMA

La vida en sí es pura poesía,
solo a tu alrededor tienes que mirar,
intenta encontrar en las personas
lo que anhelas sin parar.

Cuán afables son los tiempos,
cuán la vida y el amor,
que este mundo sigue y sigue
y no se para por nosotros dos.

Qué desdicha desdichada,
qué igualdad tan desigual,
esta vida que vivimos
tratemos de vivirla en paz.

Pongamos de nuestra parte
pensando en los demás,
procura no ser egoísta
y si tienes, reparte.

Que la inspiración guíe mi destino,
para seguir poemando,
me revele palabras, versos y rimas,
y mi mente llene de prosas finas,
mientras el camino ando.

Ignacio Gago Vázquez

ÍNDICE

Este libro se terminó de editar en Granada
en julio de 2025 por

www.aliarediciones.es
info@aliarediciones.es